Erica Williams und Nicholas Harris

Der Zeiten-Schlüssel
Operation Gladiator

Aus dem Englischen übersetzt von Christine Schulz-Reiss
Mit Illustrationen von Peter Dennis

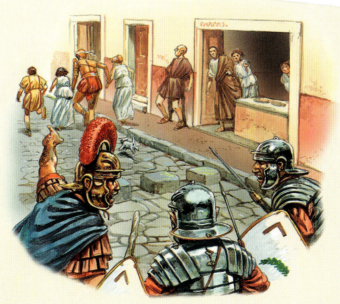

„**Ich wäre zu gern ein Gladiator gewesen!**", rief Tim begeistert. Mein Bruder und ich verbrachten diesen verregneten Nachmittag in Opas Bibliothek und schmökerten in einem Buch über die alten Römer. „Bist du sicher?", fragte ich. „Wusstest du, dass manche unbewaffnet gegen wilde Tiere kämpfen mussten?"

Tim schluckte – und blätterte schnell weiter. In diesem Moment fiel plötzlich ein Buch aus dem Regal hinter uns. Komisch! Wir hatten doch gar nichts berührt!

Es war ein sehr altes Buch über Funde, die man an einem Ort namens Pompeji gemacht hatte. Das war eine alte römische Stadt. Eine lose Seite fiel uns vor die Füße. Auf ihr war eine hässliche Maske zu sehen …

THEATERMASKEN

BEI AUSGRABUNGEN in Pompeji, der beim Ausbruch des Vesuvs im Jahr 79 n. Chr. zerstörten alten Römerstadt, fand man kürzlich eine gut erhaltene Charonmaske. Charon war der Fährmann des griechischen Sagengottes Hades, der die Seelen der Toten über den Fluss Styx in die Unterwelt brachte.

Charonmasken wurden im römischen Theater benutzt. Aber auch bei Gladiatorenkämpfen trug der Sklave, der den Verlierer töten musste, eine solche Maske. Gerüchte besagen, einmal habe ein solcher Sklave versucht, auf offener Bühne den berühmten Schauspieler Gallus Maximus umzubringen. Die Zuschauer verhinderten jedoch angeblich in letzter Sekunde den Mord.

Abb. 1: In römischen Theaterstücken trug der Verräter eine solche Charonmaske.

73

„Das Buch erzählt von einem Sklaven, der sich hinter einer Maske versteckt hat. Er sollte jemanden umbringen", sagte Tim. „Angeblich hat er versucht, einen Schauspieler während einer Aufführung auf der Bühne zu ermorden. Brrr! Gruselig!"

Während Tim vorlas, spürte ich einen Luftzug. Er kam aus der Lücke, die das Buch im Regal hinterlassen hatte. Wir räumten die Bücher daneben zur Seite und entdeckten an der Wand dahinter ein winziges Holztürchen, in dem ein goldener Schlüssel steckte. Ich drehte den Schlüssel im Schloss und die Tür öffnete sich.

Neugierig quetschten wir uns durch die schmale Öffnung. Im nächsten Moment befanden wir uns in einem kleinen Raum. Der Boden war gefliest. Krüge und Säcke standen herum.
„Wie siehst du denn aus!", kicherte ich, als Tim hinter mir her gekrochen kam. Aber auch ich war seltsam gekleidet.

Vorsichtig schlichen wir aus dem Raum. Wir kamen in eine große Halle mit Säulen und bemalten Wänden. Durch die offene Decke fiel Sonnenlicht auf ein Wasserbecken. In seiner Mitte stand eine Statue.
Die Leute, die hier herumliefen, waren gekleidet wie die in dem Buch, das wir gelesen hatten. Konnte das sein? Wir waren in einem richtigen Römerhaus! Da kam ein Mädchen auf uns zu und sagte: „Kommt mit! Hier geht's lang!"

HANDBUCH
ALTES ROM

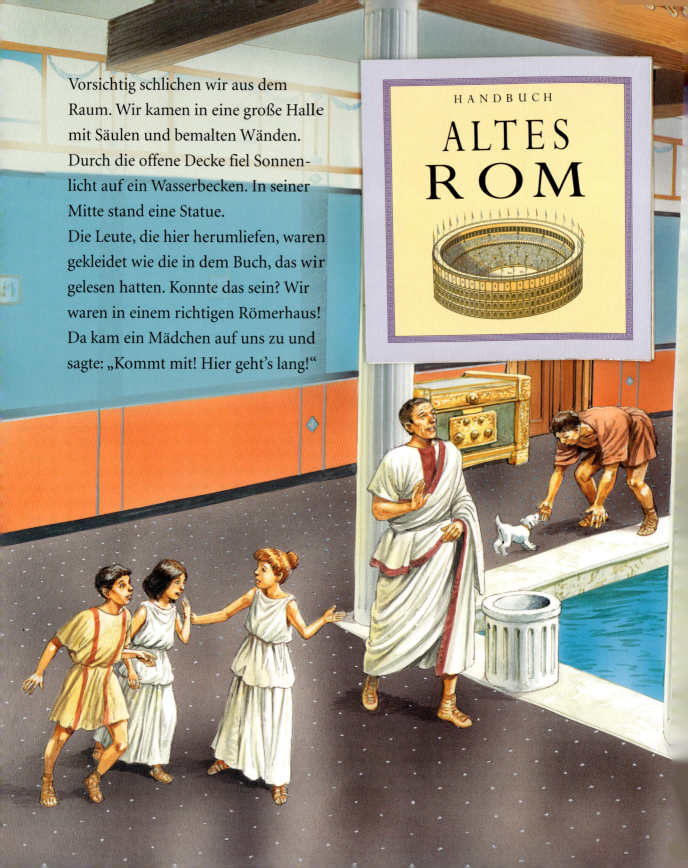

Sie führte uns in die Küche.
„Nimm das", sagte sie und reichte mir eine tote Maus. „Ich bin Livia. Wenn wir das Essen nicht rechtzeitig auftragen, bekommen wir Ärger."
Während wir ihr halfen, erzählte Livia, die Römer hätten sie und ihren Bruder Marcus als Sklaven aus Britannien hierher verschleppt. Marcus war Gladiator. Wenn er den morgigen Kampf gewinnen würde, käme er frei.

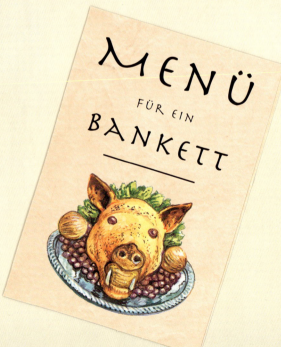

MENÜ FÜR EIN BANKETT

Das Bankett war beeindruckend! Die Gäste lagen auf Speiseliegen. Tim, Livia und ich servierten seltsame Gerichte – ja, auch die Maus! Musiker spielten auf. Zufällig bekam ich mit, wie Livias Chef erzählte, dass ein Berg namens Vesuv seit einiger Zeit rumorte. Vesuv? Der Name kam mir bekannt vor.
Da fuhr uns ein unangenehm aussehender Kerl an:
„Was steht ihr herum? Holt Wein!"

Am nächsten Tag sahen wir uns um: Das also war Pompeji! Der Hauptplatz war das Forum. Hier gab es einen Markt mit allem, was man kaufen konnte: auch Sklaven. Und da hinten erhob sich der Vesuv über die Stadt.

Auf dem Markt sahen wir den finsteren Kerl vom Bankett wieder. Er stand bei zwei Männern, die über die neueste Attraktion bei den Gladiatorenkämpfen redeten: Löwen!
„Da habe ich den Richtigen für euch", sagte der eine. „Er heißt Marcus. So stark und schnell wie er ist sonst keiner. Ich habe ihm versprochen, ihn freizulassen, wenn er heute gewinnt ... Für einen guten Preis gehört er dir. Der ist was für deine Löwen!"
Ein Beutel Geld wechselte den Besitzer.

Wir rannten, so schnell wir konnten, zu Livia. „Marcus ist in Gefahr!", teilten wir ihr atemlos mit. „Wir haben auf dem Forum mitbekommen, wie euer Herr ihn an den Führer der Löwen verkauft hat. Dein Bruder wird nicht freikommen – auch nicht, wenn er heute gewinnt!"
Zu dritt hasteten wir zur Arena, wo die Gladiatorenkämpfe gerade begannen.

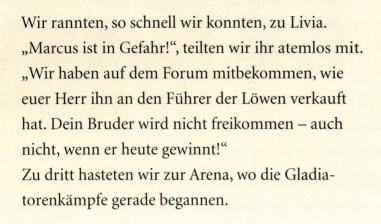

ALTEN ROM

…ildet, um zur Unterhaltung des Publikums …ladiatorenkämpfe (lat. *munerae*) fanden in …nd oder ovalförmig und mit Sand bedeckt. …uerplätze. Die Gladiatoren kämpften mit …ach Waffentypen benannt.

Marcus hatte ein Netz und einen Dreizack in der Hand, sein Gegner war ein Myrmillo, ein schwer bewaffneter römischer Gladiator. Neben den beiden stand ein maskierter Kerl mit einem Hammer. Die Maske kannten wir doch? Marcus hantierte geschickt mit dem Netz – und schon bald hatte er den Myrmillo gefangen. Wir jubelten.

Im Triumph riss

Marcus die Arme hoch, während der besiegte Myrmillo schwach den Finger in die Höhe reckte. Auf der Tribüne erhob sich ein Mann in weiß-violetter Toga. Es war der Editor, der Veranstalter der Spiele. Er schenkte dem Myrmillo das Leben. Als Marcus bat, ihn als Sieger freizulassen, befahl ihm der Editor, zurück ins Verlies zu gehen. „Ihr habt mir die Freiheit versprochen!", rief Marcus seinem Herrn zu – vergeblich.

Plötzlich näherte sich von hinten der Maskierte und holte mit dem Hammer aus. „Achtung!", schrien wir. Im letzten Moment rettete sich Livias Bruder mit einem gewaltigen Sprung auf die Mauer und über das Geländer.

Zu viert rannten wir zum Ausgang und flüchteten in die Straßen Pompejis – verfolgt von einer Horde Soldaten. Sie brüllten uns nach: „Stehen bleiben!", doch wir rannten unbeirrt weiter.
„Den Mann mit der Maske kennen wir doch irgendwoher!", keuchte ich Tim zu. Der war so außer Atem, dass er nicht antworten konnte.

Wir bogen ums Eck und rasten die Gasse hinter den Bädern herunter. Ein Sklave sah, dass wir in Not waren, und wies uns den Weg zum Hintereingang.

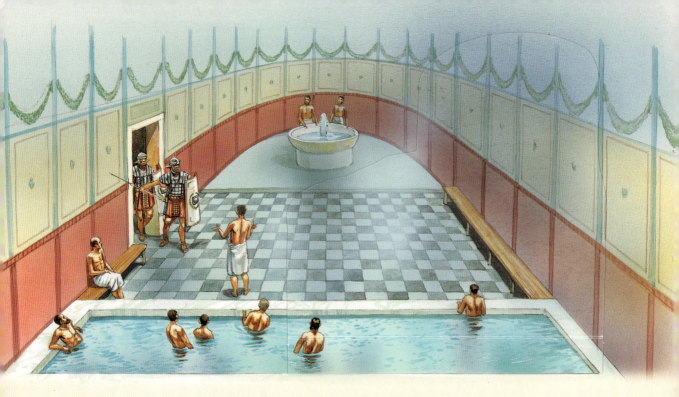

„Schnell, im Heizraum könnt ihr euch verstecken!", sagte unser Retter.
Puh, war das heiß hier! Als ich tief Luft holte, verbrannte ich mir fast die Kehle.
Hoffentlich konnten wir bald wieder raus!

Marcus war völlig verwirrt: „Kann mir vielleicht mal jemand verraten, was hier los ist?"
„Das hast du deinem Herrn zu verdanken", erklärte Livia. „Er hat dich dem Löwenführer verkauft, weil du so ein großartiger Gladiator bist. Wir wollten dich warnen …"

Im selben Moment flog die Tür auf, die Wachen stürzten herein und packten Marcus. Wir konnten zum Glück entkommen.

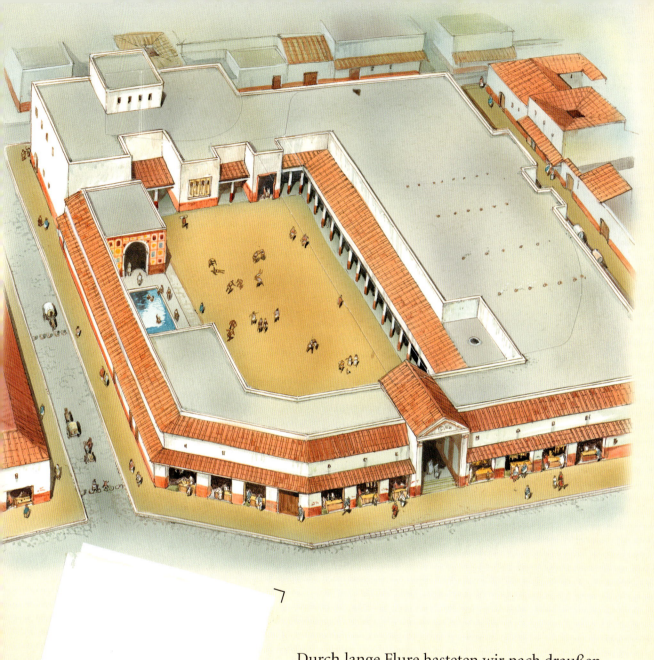

Durch lange Flure hasteten wir nach draußen auf einen großen Hof. Als wir am Vordereingang herauskamen, hatten unsere Verfolger aufgegeben. Livia musste zu ihrer Herrschaft zurück. Aber wir wollten uns später wieder treffen, um Marcus zu retten.

Wir streiften durch Pompeji und hofften, dass uns kein Soldat entdeckte. Auf einmal stieg neben uns ein Maultier, das einen Karren zog, in Panik auf die Hinterbeine. Auch die Vögel spielten verrückt und schlugen wild kreischend mit den Flügeln. Hunde jaulten.
„Was ist denn mit den Tieren los?", fragte Tim.
In der Gasse vor uns bemerkten wir, wie ein Kapuzenmann etwas an die Wand kritzelte. Sein Gesicht konnten wir nicht erkennen. Als er fertig war, blickte er hastig auf und krächzte: „Lest das!"

Es waren lateinische Worte. Verflixt! Da würden wir wohl Hilfe brauchen! Nur ein Wort kannten wir: „in". Aber glücklicherweise hatten wir ein Wörterbuch dabei.

AMICI, UT GLADIATOREM SERVETIS, PRIMUM AUXILIUM IN THEATRUM HISTRIONIBUS PETENDUM EST. CAVETE PERSONAM. AGITE CELERITER. OPPIDUM MAGNO IN PERICULO EST.

Tim deutete auf „GLADIATOREM".
„Das heißt wohl Gladiator", meinte er. „Schlag das nächste Wort nach, Lea."
„Hm, SERVETIS heißt *ihr helft*. Ihr helft dem Gladiator? Der Mann will uns sagen, wie wir Marcus helfen können!"

Rasch übersetzten wir die ganze Nachricht. Dann liefen wir zu Livia. Wir fragten ihren Aufseher, wie wir zum Theater kommen könnten.

Als wir das Theater betraten, fing die Vorstellung gerade an. Alle Darsteller trugen Masken. Livia meinte, wir sollten hinunter zur Bühne gehen, damit uns die Schauspieler am Ende der Aufführung bemerkten. Musik ertönte und Gallus, der Hauptdarsteller, erhob die Stimme.

Jetzt standen wir vor der Bühne. Aber was war das? Da schlich sich ein Darsteller mit einem Dolch in der Hand von hinten an Gallus heran. Er trug dieselbe Maske wie der Mann, der Marcus in der Arena niederschlagen wollte!

„Tim, das ist der Mörder aus Opas Buch!", stieß ich hervor.
„Pass auf!", brüllten wir.
Gallus hielt inne und blickte uns an. Die anderen Darsteller wussten, dass in dem Stück kein Mörder vorkam, und packten sich den Angreifer. Seine Maske fiel in dem Tumult zu Boden. Es war der Diener mit dem grimmigen Gesicht!

Später, in der Umkleide der Darsteller, erzählten wir, warum wir hier waren.
„Dieser Mann weiß, dass Marcus mein Freund ist und ich ihm helfen würde", sagte Gallus. „Deshalb wollte er mich töten."

„Morgen ist ein Feiertag", erklärte Gallus. Während der Zeremonien wären Marcus' Wärter abgelenkt und wir könnten ihn unbemerkt befreien.

Aber am nächsten Tag geschah etwas, womit niemand gerechnet hatte. Die größte aller denkbaren Katastrophen …

Der Himmel verdüsterte sich und grelle Blitze zuckten. Es regnete Asche. Panik brach aus. Schreiend versuchten die Menschen, sich in Sicherheit zu bringen. Wir durften keine Zeit verlieren!
„Livia, Tim!", rief ich. „Lauft zum Gefängnis. Sucht Marcus. Ich hole die Schauspieler zu Hilfe. Schnell!"
Beim Weglaufen entdeckte ich diese römischen Münzen. Jemand musste sie verloren haben. Hastig steckte ich ein paar als Erinnerung ein.

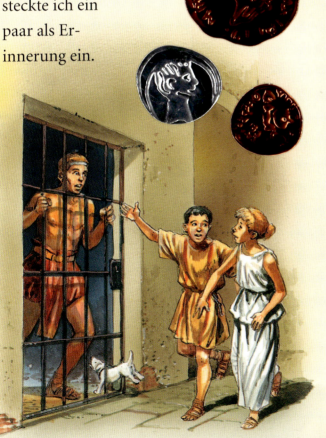

Marcus war allein in der Zelle, als Tim und Livia ihn fanden. Die Wärter waren geflüchtet. Die Schlüssel hatten sie mitgenommen. Wie sollten wir jetzt das schwere Gitter aufkriegen?

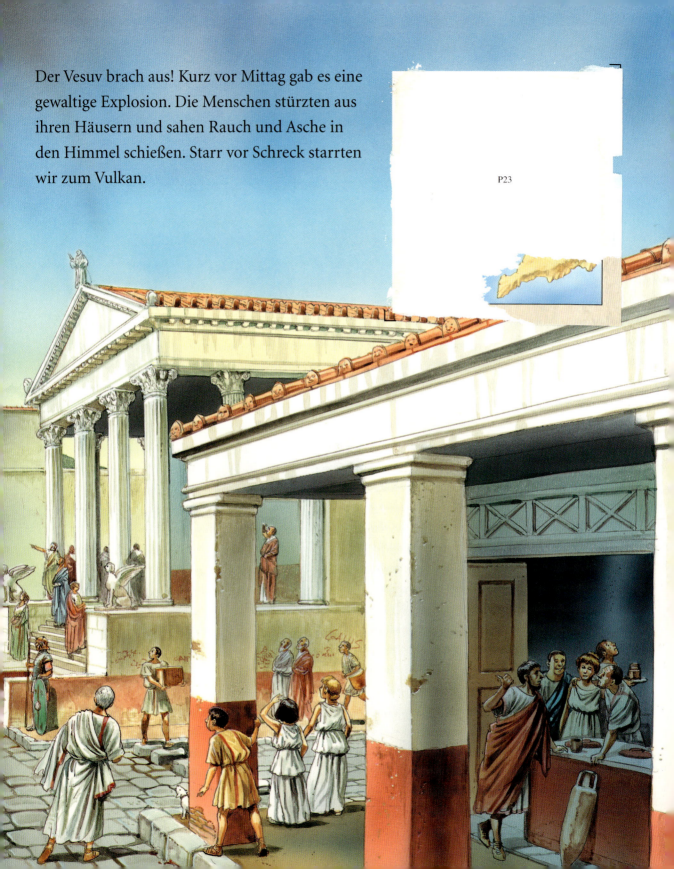

Der Vesuv brach aus! Kurz vor Mittag gab es eine gewaltige Explosion. Die Menschen stürzten aus ihren Häusern und sahen Rauch und Asche in den Himmel schießen. Starr vor Schreck starrten wir zum Vulkan.

Die Theaterleute hatten die rettende Idee, wie wir Marcus befreien könnten – genau, wie die geheimnisvolle Botschaft es vorausgesagt hatte.
„Lea! Bist du verrückt geworden?!" Tim und Livia kreischten vor Entsetzen, als wir mit unserem „Werkzeug" kamen: Es war eine riesige Elefantendame!
„Das ist Festina", stellte ich sie vor. „Sie tritt im Vorprogramm der Gladiatorenkämpfe auf."

„Beeilt euch!", trieb Gallus uns an. „Bindet diese Seile ans Gitter!"
Mit Leichtigkeit riss Festina die Kerkertür aus der Wand und Marcus war frei.
„Jetzt aber raus aus Pompeji, aufs Meer!", schrie Gallus. „Die Götter kündigen großes Unheil an."
„Los, zum Hafen!", riefen die Schauspieler.

Auf diese Idee waren auch andere Pompejaner gekommen: Hunderte Menschen strömten auf den Kai. Wir fanden ein Schiff, das uns mitnehmen würde. Da fiel Tim und mir ein: Wenn wir Pompeji verließen, kämen wir nie wieder zu unserer Tür und nach Hause! Nur: Wo war der Schlüssel?

Immer mehr und mehr Asche regnete auf uns nieder. Nie waren wir so verzweifelt gewesen wie jetzt. Doch da hörten wir jemanden nach uns schreien: „Hier seid ihr! Erkennt ihr mich wieder? Ich glaube, ihr habt etwas in den Bädern vergessen." Es war der Mann, der uns im Heizraum versteckt hatte. Tim musste den Schlüssel verloren haben, als wir vor den Soldaten geflohen waren.
„Oh, danke, danke!", riefen wir.

Jetzt aber los! Wenn wir Opa jemals wiedersehen wollten, mussten wir zurück in die Stadt – trotz aller Gefahr. Der Ascheregen war noch heftiger geworden. Alles war weiß, der „Schnee" reichte uns bereits bis zu den Knien und es war fast unmöglich zu rennen.

Ein Soldat, der tapfer auf seinem Posten ausharrte, zeigte uns netterweise, in welcher Richtung Livias Haus lag.

Mit jedem Schritt versanken wir tiefer in der Asche. Einige Menschen hielten sich zum Schutz Körbe und Säcke über die Köpfe. Andere hatten Zuflucht in den Häusern gesucht. Aber auch dort war es gefährlich: Das merkten wir, als ein Balkon unter dem Gewicht der Asche zu Boden stürzte.

Endlich erreichten wir Livias Haus. Wir stießen die Tür auf und sahen entsetzt, dass sich sogar in der Halle die Asche auftürmte.
Schließlich fanden wir die Vorratskammer und die kleine Tür, die uns den Weg zurück nach Hause öffnen würde.

Da ertönte neben uns ein zaghaftes „Wuff!".
„Ein kleiner Hund!", rief Tim und strahlte übers ganze Gesicht. „Er muss uns nachgelaufen sein. Den können wir doch nicht einfach hier zurücklassen oder was meinst du, Lea?"
Hinter uns krachte es. Schnell öffneten wir die Tür und kletterten hindurch.

Tim stieß, das Hündchen fest im Arm, gerade rechtzeitig die Tür zu: Denn soeben wälzte sich eine gewaltige Staubwolke ins Haus. Wir purzelten auf den Boden.
Wenig später kam Opa in die Bibliothek.
„Alles in Ordnung mit euch?"
Wir sahen uns an – und hatten einiges zu erzählen …

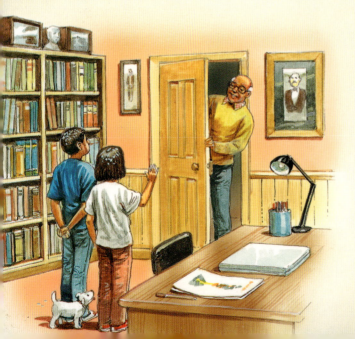